AF357214

UNE VISITE

A L'ANCIENNE ABBAYE DE

SAINT-VAAST

CONFÉRENCE

Faite à la Salle des Cours publics le 25 février 1867

Par

M. L'ABBÉ VAN DRIVAL

ARRAS

TYPOGRAPHIE & STÉRÉOTYPIE ROUSSEAU - LEROY

Rue Saint-Maurice, 26

—

1867

A L'ANCIENNE ABBAYE DE SAINT-VAAST

L'abbaye de Saint-Vaast d'Arras ! Ce nom ne sonne-t-il point à nos oreilles avec un charme tout particulier ? Ne réveille-t-il point de longs et touchants souvenirs à l'esprit qui a voulu connaître et qui sait les œuvres diverses accomplies, pour le bien de tous, dans ce pays que nous habitons ? Pendant une durée de mille ans, cette puissante abbaye de Saint-Vaast a brillé dans ce pays de la triple auréole des sciences, des arts, des bienfaits matériels : nous la voyons protéger avec sollicitude et aider constamment, de la manière la plus généreuse, cette ville d'Arras dont elle est en grande partie l'origine, ainsi qu'on l'a dit souvent. Il est bien juste que nous nous occupions d'elle aussi, dans ces Conférences où les études locales sont toujours sûres d'un accueil plein de bienveillance, parce qu'elles sont présentées à un auditoire d'élite, et qui possède avant tout une qualité bien précieuse : le souvenir des hommes utiles au pays, la mémoire du cœur.

Évidemment, ce n'est pas l'histoire de l'abbaye de Saint-Vaast que nous allons faire. Même en abrégé, ce serait tout bonnement chose impossible. D'ailleurs, il faudrait pour cela une série d'entretiens, et non pas une seule conférence sur un tel sujet. C'est donc une simple visite que je vous invite à faire ce soir avec moi à cette maison illustre qui, matériellement, est encore au milieu de nous, si pour la plus grande partie elle a été transformée. Je dis pour la plus grande partie : car, nous allons le voir, plusieurs choses restent là, encore aujourd'hui, dans l'état où elles furent autrefois ; et si, dès maintenant, nous commençons par une de ces parties, la Bibliothèque, nous n'aurons même pas besoin de faire appel à l'imagination, non plus qu'à l'érudition et aux livres ou plans anciens, puisque la réalité est là vivante et sous nos yeux. C'est donc, si vous le voulez bien, par la bibliothèque de Saint-Vaast que nous commencerons, sans autres préparatifs, ce petit voyage *intra muros*.

Une seule observation préliminaire est nécessaire, toutefois. Il s'agit ici d'une institution puissante, qui a vécu dix siècles, et qui a connu des périodes de grandeur, de luttes, d'abaissement, des succès et des revers, les vicissitudes, en un mot, qui sont le lot de l'humaine nature. Sûrement, vous me permettrez de ne point observer en ce sujet si complexe et d'une aussi longue durée de temps, la règle des trois unités : au moins me dispenserez-vous de celle du temps, afin que nous puissions plus facilement nous faire une idée de l'ensemble de cette longue vie, pleine de sève et d'utilité pour nos ancêtres, et par conséquent pour nous-mêmes. Notre visite se fera donc, tantôt à une époque, tantôt à une autre, selon l'attrait ou l'utilité du tableau qui frappera davantage nos regards.

I.

Nous sommes en 1782. De tous côtés on se plaint, avec des accents assurément fort exagérés, de ce que les abbayes renferment pour elles seules, et sans les communiquer, des trésors de science et d'érudition, des livres et des manuscrits d'une valeur extrême. Que fait l'abbaye de Saint-Vaast ? Elle ouvre ses portes à deux battants ; elle introduit elle-même le public studieux dans cette immense salle qu'elle vient de reconstruire et qui fait encore l'une des gloires de la cité ; elle rend publique cette bibliothèque qui lui appartient, et que péniblement et au prix de tant de soins elle a lentement formée ; et c'est grâce à cette initiative, amie du progrès véritable, que la bibliothèque de Saint-Vaast traversera sans trop de peine les jours de la Révolution, si sombres à Arras. C'est donc aux moines Bénédictins eux-mêmes que nous devons de jouir de ces trésors réellement très-considérables, de ce dépôt de livres l'un des plus remarquables de la France et l'un des mieux formés.

Entrons avec le public studieux dans ce sanctuaire de l'étude, désormais accessible à tous.

Et tout de suite nous sommes frappés du spectacle qui se déroule sous nos yeux. Quelle admirable salle ! quelle combinaison à la fois ingénieuse et hardie ! Comme cette tribune qui couronne de toute part ces longues murailles de livres est gracieuse et légère ! Comme elle porte facilement elle-même ces autres murailles de livres d'un plus petit format, près desquels elle a mission d'introduire les amis de la science ! En vérité, le vaisseau de la bibliothèque d'Arras est un des plus beaux que l'on puisse voir, et cette salle, de plus de 50 mètres de long, précédée et suivie de deux autres salles construites dans le même axe et servant alors, l'une de salle de lecture, l'autre de dépôt des manuscrits, cette salle est déjà elle-même un véritable et grandiose monument.

Mais avançons, je vous prie, sous la conduite de ces vénérables Bénédictins, qui ont voulu se faire nos obligeants *Cicerone*, et ne nous laissons point trop éblouir par la beauté de cette salle : car ce n'est après tout qu'une enveloppe, un cadre, et les richesses les plus réelles sont dans les livres qu'abrite cette heureuse et élégante construction.

Voici d'abord toute une collection à laquelle ont largement contribué les religieux de Saint-Vaast, et qui aujourd'hui nous sert bien souvent à trouver une science toute faite et fort exploitée en ces dernières années sur tous les points de la France, le *Gallia Christiana*. Que d'archives il a fallu compulser, que de manuscrits déchiffrer, que de chartes analyser, avant de mettre au jour ces 14 volumes in-folio où se trouve l'histoire de toutes nos églises, et aussi beaucoup celle de tout notre pays ! — Mais voici qui renferme d'une manière plus explicite encore cette histoire de la France. Voici les 20 volumes in-folio du *Recueil des Historiens des Gaules,* et, chose qu'il est presque inutile de faire remarquer, ce recueil a pour auteurs des Bénédictins. C'est assez dire que ces savants n'étaient guère jaloux de la jouissance exclusive des biens intellectuels qu'ils possédaient, et que fort libéralement ils en communiquaient à tous les utiles trésors.

Voici l'immense recueil des *Acta Sanctorum*, connu sous le nom des Bollandistes ou collaborateurs de Bollandus, le premier auteur de cette gigantesque entreprise, à laquelle on travaille encore aujourd'hui à Bruxelles. Il faut s'être servi souvent de ces in-folio ; il faut avoir pesé tout ce qu'il y a de critique, parfois plus que sévère, dans les textes, tout ce qu'il y a d'exactitude et de netteté dans la transcription des légendes et des inscriptions, dans la reproduction des dessins qui accompagnent ces textes, pour avoir une idée juste de la science de ces hommes qui n'ont point reculé devant un semblable labeur. Il y a là bien des veilles, bien de l'énergie persévérante, et surtout une admirable ardeur pour la connaissance du vrai et la possession du bien.

Passons à côté de ces longues files de livres, si soigneusement rangés sur ces solides et riches tablettes : aussi bien nous est-il impossible même d'en citer les noms, tant ils se pressent nombreux et vénérables dans leur forte reliure faite pour des siècles. Disons toutefois que plus de la moitié, en longueur, de cette immense salle, celle du côté du jardin, avec les travées qui font retour à angles droits aux deux extrémités, est remplie, j'allais dire peuplée, de ce monde d'historiens qui ont mis par écrit, pour notre instruction, tous les faits de l'Église et tous les faits de la France, sans négliger ceux des autres nations. Assurément, c'est un des plus beaux dépôts de livres historiques qu'il soit possible de rencontrer. Histoire générale de la France dans ses sources et ses documents primitifs ; histoire particulière de l'Artois et des provinces des Pays-Bas dans les plus intéressants et les plus complets détails ; histoire plus particulière encore des villes, des institutions, des corporations et communautés ; biographies, géographie et topographie ; calcul des temps et des dates, chronologie ; dessins et plans, gravures, portraits, tout ce qui de près ou de loin touche à cette grande science qu'on appelle l'histoire, tout cela se trouve là, dans ces 15,000 volumes ou environ qui composent cette seule catégorie.

Et, à côté de ces volumes, en voici d'autres qui renferment tout ce que la littérature a de chefs-d'œuvre ou même de morceaux remarquables à divers degrés de perfection, et chez les Grecs, et chez les Latins, et chez les Français. Vous trouvez là d'admirables éditions, avec les variantes les plus précieuses, avec les scholies et les commentaires les plus lumineux.

La linguistique est loin de faire défaut, les ouvrages de grammaire sont en grand nombre, les lexiques les plus savants vous sont offerts, et l'érudition de Du Cange est là à votre disposition, aussi bien que les Mémoires de l'Académie des Inscriptions et Belles-Lettres, et les Analyses des manuscrits.

Votre intelligence éprouvera des sentiments de satisfaction plus vive encore, peut-être, si vous allez consulter ces autres séries de volumes qui se présentent à vous à mesure que vous avancez dans ce magnifique sanctuaire des sciences.

Voici, dans la partie théologique, les plus belles éditions de tous les grands écrivains de cet ordre, depuis saint Thomas jusqu'à Suarez ; voici également les profonds penseurs du XVIIe siècle et leurs gigantesques travaux.

Puis, ce sont des éditions bénédictines des Pères de l'Église, en latin, en grec, en syriaque, véritables merveilles de typographie et de critique ; cette collection est une des parties les plus riches et les plus remarquables de ce dépôt ; elle a une valeur qui va s'augmentant chaque jour, malgré nos éditions modernes, peut-être même à cause de ces éditions modernes et de leur palpable infériorité.

Bientôt la Liturgie appelle votre attention et vous offre, entre autres choses précieuses, une réunion de textes grecs sortis des presses vénitiennes, et bon nombre de livres liturgique dus aux presses mêmes de la ville d'Arras.

Je ne vous parlerai point des collections de Conciles, des livres concernant le droit ecclésiastique ou le droit civil, non plus que des livres de sciences naturelles, en assez grand nombre, mais d'une moindre valeur, parce que des progrès ultérieurs ont été accomplis dans cette branche des connaissances humaines. Mais au moins je vous signalerai ces belles Bibles polyglottes, ces textes hébreu, chaldéen, syriaque, arabe, grec, latin, ces livres si beaux par ce qu'ils renferment et par la manière dont ils sont faits même matériellement : papier, caractères, tirage, gravure, reliure, tout est soigné, tout est grand, magnifique même, dans ces larges et beaux volumes, qu'on ne se lasse plus de consulter et de lire, quand une fois on les a ouverts.

Et à ce propos, remarquez, je vous prie, une chose qui n'est pas précisément insignifiante, un petit détail qui, au contraire, a une certaine signification. Sur beaucoup de ces livres, vous verrez des notes tracées à la main ; souvent ces notes sont des traductions ou explications se rapportant à des textes grecs ou en langues orientales, parfois même elles ont une assez grande étendue : ces religieux se servaient donc de leurs livres, et ils s'en servaient avec intelligence et assiduité, et voilà que nous les prenons sur le fait, en flagrant délit, pour ainsi dire, et qu'avec eux nous retrouvons discutées dans ces notes les difficultés qui aujourd'hui encore, comme alors, sont la matière de notre plus sérieux examen. Je ne sais si je me trompe, mais jusqu'ici je suis porté à croire que l'époque la plus féconde pour l'activité intellectuelle des religieux de Saint-Vaast, au moins dans les temps modernes, a été le demi-siècle qui s'est écoulé depuis 1580, ou à peu près, jusqu'en 1630. C'est à ce laps de temps que se rapportent le mieux les notes dont je viens de parler, comme aussi c'est la belle époque des grandes publications venues d'Espagne et aussi de Flandre, publications qui se trouvent ici au grand complet.

Que dire maintenant des manuscrits ? Car, dans notre lente promenade, nous sommes arrivés à la salle reculée qui les contient. Il y a là onze cents volumes, la plupart sur parchemin, tous tracés à la main et souvent ornés de miniatures en or et en couleur. Presque tous sont vieux de plusieurs siècles ; il en est qui ont vu la seconde dynastie de nos rois ; l'un d'eux remonte même à l'origine de la monarchie carolingienne, au VIIIe siècle. Ces manuscrits précieux ont été l'objet d'une étude sérieuse de la part du bibliothécaire actuel, et ils ont été publiés aux frais de l'Administration municipale d'Arras : on peut donc à loisir les étudier à l'aide de ce guide à la fois exact et éclairé.

Ce riche dépôt de Saint-Vaast a été amoindri, et de cette

source abondante se sont écoulés divers ruisseaux qui sont
allés porter la fécondité intellectuelle en plusieurs autres
points. Boulogne surtout a bénéficié de ce partage ; ne nous
en plaignons pas trop, car ces livres n'y sont pas demeurés
inutiles, et ils ont servi et servent encore à de bons travaux.
La Préfecture du Pas-de-Calais, le Collége communal, l'Évêché ont aussi eu leur part dans ces dépouilles opimes, dont
le fonds le plus important de beaucoup est toutefois resté à
Saint-Vaast.

II.

Or, dans le lot qui contribua à former la Bibliothèque de
l'Évêché, se trouve aujourd'hui un manuscrit précieux qui va
répondre à une question que sans doute plusieurs fois vous
m'avez adressée dans le cours de cette visite à la Bibliothèque
de l'ancienne abbaye. Cette question, je crois vous entendre
la formuler ainsi : Mais, qui sont donc ces religieux qui viennent de nous ouvrir si dignement les portes de leur trésor ?
D'où viennent-ils ? Qu'étaient-ils avant de s'enfermer dans cet
asile de paix qui est aussi, nous le savons, un asile de science ?
Le manuscrit dont je parle va répondre à cette question.

Ce n'est rien moins, en effet, que le registre ou la nomenclature de tous les religieux qui ont peuplé l'abbaye depuis
saint Vindicien, et même depuis saint Vaast, jusqu'au milieu
du XVIIIᵉ siècle, époque de sa dernière rédaction. C'est le
beau *Nécrologe de Saint-Vaast*, recueil précieux où vous
trouvez sur le nom, la famille, la naissance, la vie de chacun,
des renseignements précis, mais toujours utiles et souvent
curieux. Les grands événements y sont jugés avec une sûreté
de coup d'œil fort remarquable ; les faits concernant les
sciences, les arts, les œuvres diverses des religieux, y sont

consignés avec exactitude : c'est l'histoire vivante, jour par
jour, de la célèbre abbaye, et cette histoire dure mille ans.
Ce livre à la main, je vous réponds : Ces hommes studieux,
graves, dévoués, qui ont vécu dans cet asile, ils sortaient, en
très-grande partie, du milieu de vous ; leurs noms, beaucoup
d'entre vous les portent encore. Probablement, parmi ceux qui
m'écoutent, il y a bien des parents de ces Bénédictins à qui
nous rendons visite par la pensée ; en effet, l'épithète *Atrebas,*
d'Arras, ou natif d'Arras, se trouve fort souvent à côté du nom
du religieux dont le Nécrologe signale le séjour dans l'abbaye,
à son rang et à sa date. Écoutez plutôt, et jugez-en vous-
mêmes par cette énumération que je vais faire de tous les religieux de Saint-Vaast qui naquirent à Arras. Je prendrai ce
livre à rebours, et je noterai, en remontant du XVIIIe siècle
jusqu'aux âges les plus anciens, les religieux nés à Arras.

Je trouve d'abord Dom Paul Le Merchier, puis Dom Gré-
goire Lefebure ou Lefebvre, Dom Ghislain Théry, Dom Amand
Labouré, Dom Antoine Pottier, Dom Jean-Chrysostome Le
Mercier, Dom Maximilien Ausart, Dom Vindicien Pottier,
Dom Vaast Le Pippre, Dom Emilien Cambier, Dom Romain
Lallart, Dom Adrien Hébert, Dom Thomas Deligny, Dom Éloi
Lallart, Dom Placide Le Mayeur, Dom Joseph Le Roy,
Dom André Le Quin, Dom Augustin Le Josne, Dom Joseph
Fromentin, Dom Maur Lefebure, Dom Égidius Cuvelier,
Dom Marc Palisot, Dom Maximilien Hurtrel. C'est la très-
grande majorité qui appartient à la ville même d'Arras ; les
autres viennent de Douai, de Lille, d'Aire, de Saint-Omer ou
des environs d'Arras, et on y retrouve bien des noms fort
connus : les Le Gentil, les Delestoille, les Raulin, les Gruielles,
les Delahaye. La partie du contingent qui représente Paris
ou, du côté même de la Belgique, ce qui s'éloigne un peu
d'Arras, est tout à fait insignifiante.

Au XVIIe siècle, je rencontre les noms suivants, toujours appartenant à des religieux nés à Arras : Hurtrel, de Beaurains, Dubois, Dupuich, Doresmieux, Dubois, Boudart, Hébert, de Beaurains, Fleschel, Denis, Cornaille, Lallart, Gery, Fleschel, Gaillart, Hardy, Rouvrois, Hourdequin, de Cuinghem, Hatté, Théry, Damiens, Cavrois, Le Dieu, de Laire, Le Josne, Descouleurs, Page, Quarré, de La Bécanne, Le Censier, Fontaine, de Beauvoir, Chasse, Fontaine, Hourdequin, de La Charité, de Ransart, Le Sergeant, de Rougemont, Le François, le Merchier, Carpentier, de La Rue, Le Censier, Couppé, du Carieul, Fouquier, Guérard, Happiot, Labbe, de La Motte, Géry, Thieulaine, Cauvet, Denis, de Fromont, Cornaille, de La Motte, Guérard, de Beaurains, Pronier, Pisson, Lenglart, Bauduin, du Tertre, Havrelan, Robillart, de la Charité, Pisson, Boucher, Mannessier, Gallot, Le Vasseur, Citey, de Moncheaux, Patinier, Carbonier, Descouleurs, de La Motte, du Carieulx, Dervillers, Doresmieux.

Vous le voyez, tous ces noms sont purement artésiens, et tous, ou peu s'en faut, existent encore de nos jours.

Le XVIe siècle n'est pas moins fécond ; mais pour ne pas vous donner une nomenclature trop longue, et nécessairement peu agréable en certaines parties, je citerai seulement quelques noms des plus connus. C'est ainsi que nous trouvons encore Thieulaine, Le Maire, Cuveron, Lombart, de Saint-Amand, Wallart, Le Cambier, Boucault, Nisart, Canlers, de Miraumont, Maillard, Saracin, Fournier, Brios, Dupire, Gazet, Prevost, Haniot, Louvel, Minart, Bertoul, Pronier, de Rincheval, de Markais, Monvoisin, de Bury, Doresmieux, Oudart, Bourgeois, du Crocq, Lefebvre, Durant, de Le Val, de La Salle, Herlin, le Bailly, de Le Fosse, du Gardin, de Cardevaque, Ansart, Thibault, Théry, et nous ne donnons certainement pas ici la moitié des noms des Atrébates de naissance qui sont inscrits au Nécrologe de Saint-Vaast pendant le XVIe siècle.

Plus anciennement encore, nous trouvons les religieux nés à Arras en majorité dans l'abbaye de Saint-Vaast. Il est des noms que nous rencontrons ainsi toujours dans chaque siècle, des familles qui ont en quelque sorte fait élection de domicile par un ou plusieurs de leurs membres, et comme d'une manière permanente, dans l'abbaye ; d'autres présentent des variétés et des alternances, mais toujours il y a dans ces noms un caractère artésien fort prononcé.

Ainsi, au XVe siècle, nous trouvons d'abord Bertoul, Gosson, Le Bailly, Marchant, Théry, Caulier ; puis, une assez longue lacune d'Atrébates se présente, car les religieux de Saint-Vaast ont subi l'exil comme les autres habitants d'Arras, sous Louis XI, et ils ont été remplacés par des étrangers que le Nécrologe note avec une remarquable sévérité. Mais, avant cette persécution, nous retrouvons la suite de nos concitoyens et parents, et nous pouvons citer alors : Baudart, Le Feûtre, Maillot, de Wallois, Tacquet, Bertault, Wallon, de La Thieuloye, de Bermicourt, de Bauffremez, Jonglet, Frumault, et plusieurs autres encore.

Le XIVe siècle est moins explicite, en ce sens que souvent les noms ne sont pas aussi nettement formulés ni le lieu de naissance aussi clairement indiqué. Toutefois, nous trouvons encore des indications fort précieuses à ce point de vue spécial où nous nous sommes placés. Ainsi, nous trouvons des Sacquespée, des de Hées, des Louchart, Danvin, Augrenon, de Neuville, Achariot, de Le Vigne, li Beghin, d'Arras.

Le XIIIe siècle est moins explicite encore ; il ne nous donne guère que les détails qui concernent chaque religieux, sans nous dire où ce religieux est né. C'est du reste alors, et un peu dans le siècle précédent, que les noms de famille se forment, et le Nécrologe de Saint-Vaast nous montre avec beaucoup d'exactitude les phases diverses de cette formation, avec sa traduction du latin, ses additions de noms de lieu ou de fief, ou de qualités physiques et autres; et c'est alors aussi qu'il commence à dessiner des armoiries auprès de presque toutes les notices, pour continuer sans interruption, notices et dessins, jusqu'en l'an 1740, où nous avons pris notre nomenclature dans un ordre inverse, comme nous l'avons dit plus haut.

D'une part donc, nous avons une période de cinq siècles pendant laquelle la majeure partie des noms des religieux de Saint-Vaast sont citoyens d'Arras; d'autre part, nous n'avons plus d'indication spéciale de lieu de naissance, ni pour eux ni pour les autres, du XIIIe siècle au VIIIe; mais il nous est bien permis de croire que ce fait, qui a duré cinq siècles, n'a pas commencé brusquement au XIVe à se produire, et qu'il était simplement la continuation d'un fait existant dès l'origine, et fort naturel d'ailleurs. Donc, comme nous le disions tout à l'heure, ces Bénédictins que nous visitons ce soir ne sont pas pour vous des inconnus, des étrangers : ce sont vos concitoyens, peut-être pour bon nombre d'entre vous ce sont des parents.

Je ne citerai point d'ailleurs les autres noms illustres de l'abbaye de St-Vaast, ce travail a été fait autrefois par M. le chanoine Parenty; qu'il me suffise de dire que les familles nobles d'Artois et de Flandre y étaient largement représentées, et que l'abbaye de Saint-Vaast était un centre où volontairement s'était donné rendez-vous tout ce qui était distingué par le dévouement, par la naissance, par le talent. C'est donc en parfaite compagnie, vous le voyez, que nous nous trouvons ce soir, et les personnes à qui je viens de vous présenter sont honorables au premier chef.

III.

Mais voyons, je vous prie, les parties principales de ce
vaste ensemble de bâtiments où se sont enfermés ces vénérables personnages. Cela date un peu de toutes les époques,
et cela du reste sera entièrement supprimé, pour être re-
construit de fond en comble au XVIIIe siècle. Tout d'abord,
voici l'église abbatiale. Détruite par un incendie en 1228,
elle fut rebâtie presque immédiatement, et elle nous montre
que les religieux de Saint-Vaast étaient à la hauteur de leurs
contemporains dans ce beau siècle de l'architecture, la plus
remarquable peut-être, par la hardiesse et la savante combinaison de ses moyens de construction.

Cette église du XIIIe siècle a 225 pieds de longueur, sur
80 de largeur à la nef et 120 au transsept. Elle compte trois
nefs, avec déambulatoire autour du chœur, neuf chapelles
autour de l'abside et quatre le long de la petite nef du côté
droit. La nef principale est fort élevée ; elle est ornée de pi-
liers formés de quatre colonnes engagées et séparées par au-
tant de colonnettes dans les angles. Des galeries peu pro-
fondes se montrent à l'étage, au-dessus des petites nefs ; elles
forment un triforium dans le goût général de cette époque, et
elles se distinguent par un remarquable cachet d'élégance et
de bon goût. Des fenêtres à meneaux, dont les jours sont
remplis de beaux vitraux de couleur, sont établies au-dessus
de ces galeries et versent dans l'église une lumière mysté-
rieuse et recueillie. Dans le chœur on voit deux autels enri-
chis d'ornements en argent revêtu d'or, d'un travail exquis.
De magnifiques stalles se dressent aux deux côtés du chœur
et elles sont surmontées de belles tapisseries d'Arras repré-
sentant l'histoire de saint Vaast. C'est un religieux né à Arras

qui en a fait présent à cette église, *Egidius de Hees, Atrebas.* Un pupitre ou lutrin fort célèbre comme ouvrage de dinanderie se voit au milieu de ce même chœur ; il est porté par deux ours et d'autres figures plus petites d'animaux semblables, le tout en cuivre battu et ciselé, travail remarquable et don du même religieux : c'est le Nécrologe qui a soin de nous le rappeler. On le voit, l'église abbatiale de Saint-Vaast était aussi remarquable par son mobilier qu'elle l'était par son architecture ; l'art y régnait en souverain. Divers monuments curieux par leur origine ou leur exécution viennent d'ailleurs établir de plus en plus ce fait : citons seulement ici le tombeau de Théodoric ou Thierry III, bienfaiteur principal de cette abbaye, qui fut respecté dans les reconstructions diverses qui se succédèrent, et qui peut-être existe encore.

L'église abbatiale du XIIIe siècle fut restaurée à la fin du XIVe, puis en 1478, puis encore en 1661. Elle tomba en 1740, pour faire place à celle que commencèrent alors les religieux de Saint-Vaast et qui fut terminée de nos jours par les soins du gouvernement : c'est notre église cathédrale.

Avant l'église du XIIIe siècle dont nous venons de parler, il y en avait eu deux autres. L'une, la seconde, aussi construite après un incendie qui avait dévoré la première, a été bâtie par Radon, onzième abbé de Saint-Vaast, au VIIIe siècle, en 795, et chantée par Alcuin dans des vers que nous avons cités ailleurs.

Au point de vue de l'architecture, nous venons de le voir, les Bénédictins de Saint-Vaast étaient des hommes de goût ; ils recueillaient d'ailleurs avec amour les œuvres d'art les plus belles pour en orner leur église, et le cartulaire de Guiman a soin de nous décrire les croix, les châsses, les pyxides, les vases sacrés où brillaient l'émail, les nielles, les pierres précieuses, toutes les œuvres les plus parfaites de l'orfévrerie de cette époque, si belle et si recherchée aujourd'hui. Et d'ailleurs, les religieux de Saint-Vaast étaient de vrais et intelligents protecteurs des arts. Je n'en veux pour le moment d'autre preuve que ce qui se passa au retour de Beauvais, après l'invasion des Normands.

N'est-ce point, en effet, tout auprès de l'enclos de l'abbaye, le long de la rue dite encore aujourd'hui des Teinturiers, que viennent se réfugier, comme sous les ailes d'une mère, ces artistes modestes qui vont ressusciter l'art des tapisseries de haute-lice et remplir les églises et les châteaux de l'Europe entière de la renommée de leurs magnifiques produits ? C'est l'abbaye de Saint-Vaast qui les a protégés, c'est à elle que revient, en toute équité, une large part dans la reconnaissance que le monde éclairé a vouée à nos artistes d'Arras.

Mais, qu'avons-nous besoin de recourir aux monuments d'autrefois pour prouver que les Bénédictins de Saint-Vaast eurent toujours le goût des arts ; les constructions du St-Vaast actuel ne sont-elles pas là sous nos yeux pour nous le montrer, et ne trouvons-nous pas dans ces constructions vraiment monumentales une preuve visible de ce que nous avançons ?

Sans doute, si cela avait été bâti dans un autre siècle, on aurait choisi un style moins lourd, une manière de faire plus gracieuse et plus ornée. Mais pourtant, quelle beauté de lignes, quelle grandeur et quelle noblesse de caractère, et surtout quelle vaste conception, j'allais dire quelle majesté dans ce plan !

Une cour d'honneur d'un aspect princier vous offre d'abord une entrée splendide et tout à fait en rapport avec l'immense étendue de cette abbaye qui est à elle seule aujourd'hui encore tout un quartier de la ville d'Arras. Souvent vous avez remarqué avec quelle grâce les angles s'infléchissent aux deux extrémités de cette cour d'honneur, pour conduire l'œil par-

tout sans fatigue et le fixer toutefois au centre, là où est le
perron avec le balcon, l'entrée abbatiale et souveraine, car
des souverains étaient parfois les hôtes des religieux. Si vous
continuez de pénétrer en suivant l'axe de la grande cour, la
ligne qui va du milieu de la porte d'entrée au milieu du perron
du fond de la cour d'honneur, vous serez bientôt frappés de
la simplicité et de la grandeur du plan d'ensemble. En effet,
vous rencontrez d'abord une cour ou atrium antique, avec le
puits central et le cloître méridional qui fait le tour des quatre
côtés de cette cour plus large que longue. Puis, vous rencontrez une autre cour plus vaste avec des cloîtres plus grandioses et plus beaux, tellement grandioses même, qu'ils sont
partout cités comme une des beautés de la ville d'Arras. Puis,
s'offre à vos yeux comme un épanouissement de ces beaux
cloîtres, une réunion de colonnes, en trois sortes de nefs, qui
forment une délicieuse introduction à l'église abbatiale, aujourd'hui cathédrale, dont l'entrée principale est bien en cet
endroit. C'est, avec de grands perfectionnements, l'architecture monastique la plus primitive, c'est même la basilique ancienne, précédée de l'atrium ou cour intérieure, avec galeries
couvertes. Et notez qu'ici ce que nous venons de voir sur le
sol, nous le retrouvons aux deux étages supérieurs, dans les
combles, et jusque dans les immenses caves qui règnent partout au-dessous de ces constructions et n'en sont pas la partie
la moins curieuse assurément. Ce plan révèle donc un archi-
tecte nourri des plus pures doctrines de la tradition, en même
temps qu'il nous montre un constructeur d'une habileté in-
contestable. Inutile après cela de vous faire parcourir une à
une ces longues suites de pièces, d'appartements, de cellules,
de vastes salles, qui s'étendent le long de ces deux ailes immenses qui forment les deux côtés principaux de ce gigantesque parallélogramme, où nous venons de voir successive-

ment dessinés ces trois parvis, ces doubles cloîtres, toutes ces
grandes choses dont une seule formerait déjà une très-remar-
quable construction. Si à ces interminables lignes de bâtiments, qui aboutissent à une église bien vaste elle-même et
non sans mérite, surtout à l'intérieur, vous joignez cette église
elle-même, plus les jardins extérieurs qui accompagnent le
parallélogramme principal ; vous aurez une idée exacte de ce
bel ensemble, dans lequel, au moment où nous sommes, on
a trouvé assez d'espace pour établir à la fois cathédrale, évêché, mairie, bibliothèque, musée, séminaire, ce qui peut-être
ne se rencontre nulle part ailleurs ; et nous tirerons de cet
examen une conclusion qui ne paraîtra guère risquée, lorsque
nous dirons que ces religieux avaient de grandes idées, de
larges vues, qu'ils aimaient le beau, qu'ils cultivaient les arts.

IV.

Si les religieux de St-Vaast furent des amis des sciences et
des arts, en leur double qualité de religieux et d'artésiens
nous pouvons ajouter qu'ils furent les amis constants, fidèles,
dévoués, de leurs concitoyens. On l'a même dit souvent : ce
sont eux qui ont fait une grande partie de la ville d'Arras,
celle qu'autrefois on nommait la Ville, par opposition à la
Cité, beaucoup plus ancienne, et à la Basse-Ville, qui ne date
que d'hier.

En effet, il n'y eut d'abord d'habité à Arras que la partie de
la ville actuelle qui commence à l'endroit où l'on vient de
construire une fontaine monumentale adossée à un mur romain, au coin de la rue actuelle du 29 Juillet, ancienne porte
de la Cité, et qui va vers la porte de Baudimont et la porte
d'Amiens, mais en constatant toutefois que la ville primitive
dépassait de beaucoup les limites actuelles de ce côté, des-

cendant sans doute jusqu'à la Scarpe, et s'étendant assez loin en avant dans la campagne, là où l'on retrouve souvent des médailles et des débris.

Quand Thierry III dota si richement l'abbaye de Saint-Vaast, en réparation d'un grand crime, il lui donna d'abord le Castrum romain bâti au IVe siècle et qui s'étendait depuis cet endroit même où nous sommes (Salle des Concerts) jusqu'au delà de la cathédrale actuelle. Cette forteresse abandonnée était comme la partie principale de la donation, mais tout autour il y avait encore des terres en abondance, et sans parler de celles qui étaient situées au loin, il y avait ainsi réuni tout ce qui, partant de l'endroit cité tout à l'heure, rue du 29 Juillet, en deçà, allait jusqu'au delà de la Grand'Place actuelle, et en dehors de la porte Méaulens, jusque dans le faubourg de Sainte-Catherine, à l'endroit où l'on a relevé, il y a peu d'années, une croix de limite de juridiction, la croix de Démencourt.

Que firent les religieux de Saint-Vaast de toutes ces possessions qui entouraient leur monastère, aussi bien que des terres situées plus loin? Celles-ci, ils les défrichèrent, les rendirent fertiles, les livrèrent à l'agriculture. Celles-là, ils virent avec plaisir des concitoyens, des parents, des étrangers même venir les habiter, et ce, moyennant une très-faible redevance qui fut bientôt une simple marque de propriété primordiale, et non point un loyer proprement dit. Ces censitaires, à qui les religieux avaient ainsi concédé des portions de terre pour y bâtir, et qui étaient venus s'établir tout autour de l'abbaye et sous son patronage, l'abbaye leur donna dès l'origine un nom assurément fort digne et qui ne rappelait pas, même de loin, l'idée de servage : elle les nommait ses *hôtes*, hospites, et leur redevance s'appelait *ostizes*. Nous avons, à la fois dans la bibliothèque de l'évêché et dans les archives départementales, un double exemplaire du cartulaire de l'abbaye et du polyptique ou dénombrement de toutes les possessions de St-Vaast, rédigé au XIIe siècle par le célèbre Guimann, qui nous a également laissé une très-curieuse narration de tout ce qui a trait à l'histoire du chef de saint Jacques-le-Majeur et que nous avons publiée ailleurs ; nous pouvons donc nous faire une idée exacte de ce qu'étaient ces possessions, et de la manière dont elles étaient administrées. Il n'y a pas moins de 55 divisions ou chapitres pour la seule ville d'Arras, ou plutôt pour les alentours immédiats de l'abbaye, et tout est mentionné dans les plus grands détails. Il y a d'ailleurs une nomenclature exacte de tous les autres droits revenant à l'abbaye comme propriétaire du sol et seigneur dans toutes les règles du temps, et l'on peut constater, avec un juge très-compétent, qui a traité cette question spéciale dans un ouvrage publié en 1859 par l'académie d'Arras, que s'il y avait, comme il doit toujours y avoir, prudence, économie et sagesse, même dans l'intérêt des administrés, il y avait avant tout, dans cette administration fort paternelle, bienveillance et douceur. Disons bien vite que ces sentiments étaient partagés par les administrés eux-mêmes, et que longtemps les charités ou confréries de marchands, aussi bien que les *ghildes* et corps de métiers, allaient annuellement et sans y être obligés, porter à l'abbaye leurs offrandes volontaires ; et cet échange de sentiments affectueux et de bons procédés a été souvent constaté comme un signe de la vraie popularité dont jouissaient, au milieu de leurs concitoyens, parents et amis, les religieux de Saint-Vaast.

Aussi, on l'a dit avec justesse, Arras n'avait point besoin de charte d'affranchissement ; ces chartes n'ont guères servi qu'à écrire sur du parchemin ce qui se faisait depuis longtemps ; elles n'ont point amené un état, qui existait avant cette période de formalisme et de réglementation.

L'histoire doit être avant tout exacte, impartiale, et si nous voyons tout ce qu'il y a de beau dans cette puissante abbaye que nous visitons ensemble, il est juste aussi de ne point taire ce qui peut être défectueux, et montrer une fois de plus qu'il n'y a rien de parfait sur cette terre. Sans doute, il y eut de mauvais jours pour l'abbaye de Saint-Vaast. Elle partagea avec tous les artésiens les malheurs publics, au IXe siècle, au XVe, au XVIe; elle eut aussi ses afflictions particulières. De saints personnages vinrent, quand il en fut besoin, rétablir la régularité dans cette riche abbaye, lorsque parfois les religieux avaient, au moins sous quelques rapports, oublié leur ferveur primitive. Alors on voyait les Richard de Verdun, les Gérard de Brogne, les Poppon de Staveloo, accourir à la voix des Papes; et bientôt tout reprenait une vie nouvelle, tout marchait avec une plus grande vigueur. Ainsi, dans nos campagnes, nous voyons l'hiver succéder à la saison de l'abondance; mais la main habile et prudente de l'agriculteur, sait, quand il le faut, saisir le moment favorable, et employer les moyens les plus efficaces, et grâce à ses soins vigilants la stérilité n'est que momentanée.

Disons d'ailleurs, pour être juste, qu'un fléau véritable, et un fléau en quelque sorte permanent, tant il fut de longue durée, la Commende, s'abattit de bonne heure sur l'abbaye de Saint-Vaast dont les richesses tentèrent la cupidité des grands ; et ces richesses, détournées de leur source, allèrent souvent se déverser dans des familles particulières, étrangères au pays, au lieu de continuer ici même le bien qu'elles avaient commencé. A qui la faute ? A plusieurs sans doute ; mais, à coup sûr, pas aux religieux, qui étaient les patients, les victimes, les spoliés. Ce qui prouve, d'ailleurs, qu'ils n'avaient guère de liens d'affection bien puissants avec leurs abbés commendataires, c'est qu'ils les avaient tenus logés en dehors de leur abbaye, là où se trouve aujourd'hui le collége communal : eux-mêmes se renfermaient le plus possible dans l'observance intérieure de leur règle, donnant l'argent qu'on les forçait de donner à ces parasites, mais faisant de ce qui leur restait un emploi toujours digne et grand.

C'est ainsi qu'ils contribuent plus que personne à l'établissement d'un collége à Arras dès la fin du XVI° siècle, et savez-vous de quelle manière ils contribuent à cette fondation ? Ils achètent pour cela vingt-et-une maisons (j'ai pris le moindre chiffre, car il y a des auteurs qui en citent davantage), ils concourent encore à la reconstruction et aux travaux d'appropriation ; ils bâtissent à leurs frais une église à trois nefs ; ils y placent un buffet d'orgues et une chaire ; ils ajoutent à tout cela le don d'une maison de campagne à Anzin, pour la promenade et la récréation des élèves et le repos des maîtres, ils dépensent en un mot plus d'un million (au XVI° siècle) pour assurer à cet établissement des fondations solides et en rapport avec son objet. Aussi tous les ans rendait-on dans l'église du collége un hommage solennel à l'abbé de Saint-Vaast ou à son prieur quand l'abbé était absent ou n'existait pas, par la faute de la commende. Il était placé sur un trône du côté de l'Évangile, et à l'offertoire de la messe, le supérieur du collége lui adressait une harangue et lui remettait un cierge du poids d'une livre, symbole touchant et gracieux d'une reconnaissance perpétuelle pour des bienfaits d'un ordre aussi relevé.

Je m'arrête, car je ne dois point oublier que je n'ai annoncé qu'une visite et non point une histoire, et qu'une visite, pour ne point être indiscrète, doit être courte.

Qu'il me soit permis de dire ici qu'en achevant l'œuvre des

religieux, en terminant les sculptures de l'entrée principale de l'ancienne abbaye, aujourd'hui affectée à des services divers, mais en union parfaite pour le bien général, on s'est inspiré d'une grande et noble pensée.

Là, en effet, des emblèmes heureux rappellent l'élément religieux qui toujours a tenu et qui tient encore la grande place dans ces constructions magnifiques. D'autres emblèmes, non moins heureux, figurent les beaux-arts aussi bien que les sciences, et si aujourd'hui la bibliothèque et le musée expliquent ces emblèmes, notre visite de ce soir nous a montré que les sciences et les arts n'ont jamais été des étrangers dans l'abbaye de Saint-Vaast. A ces deux séries d'emblèmes on a joint l'image du château ou du fort bâti par les Romains et décoré du titre de *Castrum Nobiliacum.* Eh bien, cette idée est heureuse et très-vraie ! Toujours les religieux de Saint-Vaast ont tenu à mettre dans leurs armoiries l'image de ce château, à côté de leur croix ancrée si connue des amis de l'histoire. Oui, c'est avec plaisir que nous revoyons ces emblèmes, que nous contemplons ce vieux fort gallo-romain adopté par nos bons et généreux religieux de Saint-Vaast. Volontiers, nous nous laisserions aller ici à prendre dans un sens tout aimable ce mot *Nobiliacum,* quand même l'histoire n'autoriserait qu'à demi ce rapprochement. Demandant grâce en faveur de l'intention nous dirons : Oui, ce mot rappelle avec bonheur la noblesse, la dignité, la grandeur de vue des anciens habitants de ce lieu ; ce mot montre en même temps que les hommes de ce siècle ont su les comprendre ; c'est toujours une habitation noble et digne : *Castrum Nobiliacum !*

Arras. — Typ. Rousseau-Leroy.